LA

COUTUME DE FONTENILLES

EN COMMINGES

(Châtellenie de Muret)

TEXTE EN LANGUE VULGAIRE DU XVIᵉ SIÈCLE

PUBLIÉ POUR LA PREMIÈRE FOIS

par

J. DECAP

MEMBRE LIBRE DE LA SOCIÉTÉ DES ÉTUDES DU *COMMINGES*

———o———

PARIS

LIBRAIRIE DE LA SOCIÉTÉ DU RECUEIL GÉNÉRAL DES LOIS ET DES ARRÊTS
ET DU JOURNAL DU PALAIS

Ancienne Maison L. LAROSE & FORCEL
22, rue Soufflot, 22

L. LAROSE, Directeur de la Librairie

1896

COUTUME DE FONTENILLES

EN COMMINGES

(Châtellenie de Muret)

Extrait de la *Nouvelle Revue historique de droit français et étranger*
Mai-Juin 1896.

LA

COUTUME DE FONTENILLES

EN COMMINGES

(Châtellenie de Muret)

TEXTE EN LANGUE VULGAIRE DU XVIᵉ SIÈCLE

PUBLIÉ POUR LA PREMIÈRE FOIS

par

J. DECAP

MEMBRE LIBRE DE LA SOCIÉTÉ DES ÉTUDES DU *COMMINGES*

PARIS

LIBRAIRIE DE LA SOCIÉTÉ DU RECUEIL GÉNÉRAL DES LOIS ET DES ARRÊTS
ET DU JOURNAL DU PALAIS

Ancienne Maison L. **LAROSE** & **FORCEL**
22, rue Soufflot, 22

L. **LAROSE**, Directeur de la Librairie

1896

IMPRIMERIE
CONTANT-LAGUERRE

BAR LE-DUC

COUTUME DE FONTENILLES

EN COMMINGES.

Fontenilles, commune de 640 habitants, canton de Saint-Lys, département de la Haute-Garonne, était comprise avant la Révolution dans le comté de Comminges, châtellenie de Muret ; elle faisait partie de ce qu'on appelle la Gascogne toulousaine.

Les La Roque ou La Roche étaient seigneurs de Fontenilles vers le milieu du xiiᵉ siècle. Leurs domaines se composaient des seigneuries de Saint-Flour, Fontenilles, Labastidette, Lasserre et une partie de Muret (1). En 1283, Guilhaume-Bernard de La Roche, seigneur de Fontenilles et de Saiguède (autre commune du canton de Saint-Lys), donna des coutumes à ce dernier lieu. En 1352, Gailhard de La Roche établit à Fontenilles le siège de sa juridiction seigneuriale, y fit construire et fortifier un château (2) ; peut-être la communauté fut-elle dotée à cette occasion d'une charte de coutumes. S'il faut en croire un de nos plus consciencieux érudits, M. Cabié (3), les coutumes de Fontenilles dateraient de 1483. De ces coutumes il n'existe aucune trace aux archives de la Haute-Garonne ; on n'en connaît que deux copies conservées toutes les deux à la mairie de Fontenilles ; l'une est de 1554, l'autre de date beaucoup plus récente. Elles nous apprennent que les coutumes auraient été concédées en 1507 par Jean de La Roche et confirmées en 1556 par Philippe de La Roche.

A défaut de l'original qu'il y a bien peu de chances de retrouver, nous reproduisons la copie de 1554. Nous n'avons pas

(1) Ces indications nous ont été fournies par M. le marquis de Fontenilles auquel nous nous faisons un devoir d'exprimer notre reconnaissance.

(2) Archives de la Haute-Garonne, E, 503.

(3) Chartes de coutumes de la Gascogne toulousaine (Archives historiques de la Gascogne, fascicule V, Auch, 1884), p. 12, note 1.

pu découvrir même une copie de la coutume de Saiguède, dont on s'est peut-être inspiré en rédigeant la charte de Fontenilles.

Celle-ci comprend 11 titres : 1° blasphèmes (art. 1 à 6) ; 2° taverniers (art. 7 à 9) ; 3° vagabonds (art. 10) ; 4° jeu (art. 11 et 12) ; 5° bouchers (art. 13) ; 6° chemins (art. 14 et 15) ; 7° armes prohibées (art. 16) ; 8° dommages faits pendant la nuit (art. 17 et 18) ; 9° aide aux officiers de justice (art. 19) ; 10° consuls (art. 20 à 51) ; 11° administration de la justice (art. 52 à 80).

J. DECAP,

Membre libre de la Société des Études du Comminges.

Coustumes, privilleges, franchises et libertez du lieu de Fontanilhes.

Scaichent tous presans et advenir que l'an mil cinq cens cinquante quattre, et le quatriesme jour du moys de juin, en Tholose, reignant très chrestien prince Henry par la grace de Dieu Roy de France, a moy François Brieud, nottaire habitant de Tholose, collationnaire des libres et prothocolles de Me Hugues de Podio, aussy nottaire publiq dudict Tholose, et par moyen de lui des libres et prothocolles de feus Mes Guilhaume de Podio et Bernard de Paragio, nottaires publiqs, a la requeste des scindic et consuls du lieu de Fontanilhes, m'a esté faict comandement de leur bailler et espedier certain instrument de coustumes dudict lieu faict et passé entre lesdits scindic et consuls d'une part et le seigneur dudict lieu d'aultre, et ce pour les mettre dans leurs archifs et s'en ayder en tems et lieu quant besoing sera, par Jehan Latrilhe, sergent royal de Tholoze.

Obtempérant auquel comandement, moy susdict nottaire et collationaire susdict ay cherché entre es libres et prothocolles dudict feu de Paragio, nottaire, le susdict instrument des Coustumes. Et après avoir faict extrêmes dilligences de icelluy trouver entre les libres et prothocolles dudict de Paragio, ay trové ung sac ou est escript sur son eticquette : *Fontanilhes;* auquel sac ay trouvé ung petit libre couvert de parchemin contenant trente cinq fulhets de papier escripts et se commence *O ser se* (1) *lo pergamen que a feyt fe lo*

_____

(1) *Peut-être* Ensiec se.

noble Johan de la Roca senhor de Fontanilhas al dict loc de consen-
timen des pages.

Et après continuant toujours a chercher ledict instrument de
coustumes, le ay trové escript en papier par *Item*, contenant dix
neuf fulhets escripts, et ce commence :

Ensieghen se las coustumas previlieges et regimens del loc de
Fontanilhas; et a la fin est escript et signé *B. de Paragio notarii.*
Lequel instrument de coustumes ainsin trové sans y adiouster ny
disminuer aulcune chose ay icy incéré ou faict incerer comme s'ensuit :

Ensieghen se las costumas et privilieges et regimens deu loc de
Fontanilhas, lasquallas son estadas faytas al honor de Dieus et de la
verges Marie et de tota la cort celestialla de paradis, et de consen-
timent deu noble et puissant senhor Mossur Johan de la Roca,
baron et senhor deu dict loc de Fontanilhas, et de totz los habitans
deu dict loc de Fontanilhas, coma promesas per nostre esturment
d'acord ; lasquallas costumas son estadas corregidas et passadas de
punt en punt, sellon lor forma et tenor, l'an de grasia *mil cinq cens*
et sept et le neufviesme del mes de mars, en las presensas des testi-
monis assy dejoutz notmatz, et primo mossur Joan de Fracsino, arse-
diacre deu dict loc de Fontanilhas, et mossur Gorghy Peregry, recto
de Priastruc (?), et mossur Bernard Paratghe, recto de Fonsorbas, et
Antony Versaby et Jeannet Faure, Domenges Dantin et mossur Arnaud
de Sera capela, et totz los seusdicts son testimonis tan a la passassion
de las dictas costumas que al esturment de transacsion et acord, lasqua-
las costumas son estadas passadas en la forma et maneyra que s'ensiec :

Ensieguen se las cridas del loc de Fontanilhas deu mandament
deu noble et puissant senhor mossur Johan de la Roqua, senhor de
Fontanilhas, et de son jutje ordenari deu dict loc.

I. — Dels blasfemados et renegadous de dieu.

Peines infligées aux blasphémateurs : amendes, pénalités corporelles
et bannissement en cas de récidive.

1. — *Primo.* Fayt hom prohibision et defensa a tota persona del
dict loc de cun estat et condition que sia que non ajan a jura, renega
ne blasfema Dieu, ne sans ne sanctas de paradis. Et que le pru-
mier que sera trobat que blasfemara et jurara per la mort o per le
ventre o per lo cap o per las plagas de Dieu, pagara als obriers (1) de
la gleyza del presen loc et al honor de las cinq plagas de Jesuchrist
una liura d'oly et dos sols tolsans a la justesia del senhor deudict
loc, et l'aultra partida de la soma sera deldict denonsiant. Et asso
sera per la permiera vegada.

(1) *Peut-être* obres.

2. — *Item,* et qui lo segon cop Dieu blasfemara ho jurara pagara a la lumenaria miegho liura de cera et quattre sols tolsans a la justessia deldict senhor, et la quarta part de la dicta somma sera del dict denonsiant.

3. — *Item,* et quy lo segon cop Dieu renegara, pagara una torcha de dos liuras a la lumenaria et quaranta sols a la justessia del dict senhor, la quarta partida de la dicta somma sera del denonsiant.

4. — *Item,* et quy lo terce cop Dieus renegara sera menat en carse, et de la carse a la gleyza peroquial an una torcha alucada de quatre liuras de cera a sos despens, lo cap descubert. Dabant la porta de la dicta gleyza demorara jusquas que la messa matinal sio dita, demandan perdo a Dieu et la justesia, et la dicta torcha restanta sera de la lumenaria de nostre senhor Jesuchrist, et pagara vingt sols tolsans a la justessia deldict senhor.

5. — *Item,* et quy lo quart cop o plus Dieu renegara, sera metut al colla[r] et trancada la lenga, et pagara a la justessia del senhor trente sols tolzans.

6. — *Item,* qui lo cinquiesme cop Dieu renegara sera batut per les carrefous per le boreu, et forabandit de tota la juredicsion del dict loc perpetuallament.

II. — Dels taberniers.

Défense aux taverniers de tenir leurs tavernes ouvertes après huit heures du soir et, les dimanches et fêtes, pendant la messe paroissiale et les vêpres, de débiter du vin mélangé ou coupé d'eau et de vendre avant le ban des consuls.

7. — *Item,* es fayta prohibition et defensa ha totz taberniers que les jorns dels dimenges [et] festanales de Nostra Dama non ajan a recaptar en lors tabernes dabant la messa perroquial del presen loc, ny en tan que la dicta messa se diga et vespras, sus pena de una liura de cera encorruda totas et cantas vegadas que seran trobats fasen lo contrary, pagadouras per lo dict tabernier et per lo dict beuvedor, senon que fous estrange passan son camy et non aultrament.

8. — *Item,* que degun tabernier non ajan a recaptar alcun habitant del presen loc apres que seran passadas las hoeyt horas de neyt, sus la pena de cinq sols tolsans pagados per lo dict tabernier et autant per lo dict beuvedor totas vegadas que faran lo contrary, esceptat que sera permes als habitans de crompar vin an justas en las dictas tabernas per beure en lors hostals, et als dicts tabernies de lor vendre.

9. — *Item,* fayt hom commandament ha totz taberniers que ajean a vendre lors vins purs et ses aygua ny aultra mesquella ny afacha- men far, ny vendre que non sio b[and]ist per les cossols del present loc et afforat et metut a prex rasonable et sur bona mesura deguda, sus la pena de detz sols tolsans aplicados a la reparation de la villa, pa- gados totas et cantas vegadas que se trobaran fasen le contrary de las susdictas causas et articles.

III. — DELS VAGABONS.

Défense de recevoir dans sa demeure des vagabonds, des voleurs ou des femmes de mauvaise vie.

10. — *Item,* es fayta proibition et defensa ha tota persona que non ajan a recaptar en son hostal deguns vagabons, roffias, layrons, femnas de deshonesta vida, sus pena de detz sols tolzans ho de aultra pena arbitraria, aplicados a la reparation de la villa.

IV. — DELS JOUGADOS.

Interdiction des jeux de hasard, dés et cartes, sauf le jour de la fête du lieu et les jours de foire; il est fait exception quand il n'y a pas d'en- jeu en argent et pour le jeu de quilles.

11. — *Item,* es fayta proibission et deffensa a tota persona que non ajan a jogar a dats, cartes, blanques ny aultres jocz de sort, sinon que sia le jorn de la festa del loc et jorns de fieyras, se lo cas adve- nia que n'y agues al dict loc, sus pena de detz sols tournes totz cops que faran lo contrary, senon que fous jogar al vin ho un escot o de lecensia deldict senhor ho sos hofficies quand y aura calcun home de bien que vouldrio jogar al quillie et al desport, et ses frauda de- gun.

12. — *Item,* es fayta proibition et deffensa a tota persona que non ajan a jogar ha jocz proybits ny aultrament quant le devinal offissy se fara en la gleysa perroquial del present loc, ny esta a la taberna ny a la plassa, sus la pena de vint sols tolsans aplicados a la lumenaria de la gleysa del present loc de Fontanilhas.

V. — DELS MASELYES.

Obligation imposée aux bouche·s de vendre de bonne viande à un prix raisonnable et de tenir la ville bien approvisionnée.

13. — *Item,* fayt hom commandament a totz mazelyes et a totz vendedos de carns en lo present loc que ajan a vendre bonas carns et a pretz rasonable, et tenir lo present loc pervesit, et que las dic-

tas carns se bendran publicament, et fassan als dicts crompados bon
prex et leyal, sus pena de detz sols tournes aplicadous a la repara-
tion de la villa, cascuna vegada que faran lo contrari, [o aultra pena]
arbitraria.

VI. — De las car[r]ieras.

Défense de laisser des fumiers ou des ordures sur la voie publique :
obligation pour les habitants de nettoyer les chemins, chacun devant sa
maison, et de curer les fossés des propriétés le long des routes.

14. — *Item*, es fayta proibition et delfensa a tota persona que
non ajean a tenir en las carrieras publicas fomeres ny aultras ordu-
ras, et cun casquna persona aje a tenir las dictas ca[r]rieras et camis
nets et curats debant son hostal et possessios, sur la pena de dets
diniers tolsans aplicados la mietat al senhor et l'aultra a la lume-
naria, et tota aultra ordura que sera al miech dels camis que on
agian ad osta dins hoeyt jorns seguens apres la presen publication,
sus la dicta pena encorredora a casqun terme desus dict que sera
trobat apres la presen crida.

15. — *Item*, es fayt (1) comandament a tota persona que ajean
a tenir les ballatz de sas possessios pres los dicts camis curats que
hon y posca passar seguramant et ses fanga, et que se non y habia
ballatz, que lors ajan a far casqun a l'enbiron de sa possessio per
tot le mes d'aoust pro[b]da[na]ment venent, sus pena de detz sols
tolsans aplicadous la mitat al senhor et l'aultra mitat a la villa.

VII. — Dels arnesses debedats.

Défense sous peine de confiscation de porter arbalète, lance, épée
ou autres armes prohibées.

16. — *Item*, es fayta proibission et defensa a tota persona que
non porte balesta, lansa ne espasa, ny aultres arnes prohibits a
portar, sus pena de confiscation del dict arnes o aultra pena arbitra-
ria, senon que fossa hofficies de justisia, ho an lisensia d'aquellis, o
laborador, als quals sera permes de portar una punhal per sen ajuda
en sa labor ho bien an passan son cami, o que volgues ana a la cassa
an visitan sas possessios per son deport.

VIII. — Dels domatges que se fan la neyt.

Interdiction de traverser les propriétés avec des bestiaux ou de les laisser
aller sans gardien dans les jardins, les vignes et les prés.

17. — *Item*, per so que alcuns personatges la neyt quan hon
dormis sus lo permier son ho aultrament malisiosament ho gayta

(1) *Ms. aj.* hom.

pensada meten lors bestials en horts, vinhas, prats et aultres pos-
sessios, passan ho portan domatge, per so es fayta proibission et
deffensa a tota persona que non ajan a far domatge la neyt ne jorn
ny aultre tems malisiosament, n'ajan a passar en alcunas possessios
an bestial, sus pena de ung sol tolsan et estre punits coma (1)..., apli-
cado la mietat al senhor et l'autra mietat a la vila ho al denonsiadou.

18. — *Item*, et per so que plusors personas layssan la neyt, et
alcunas vegadas le jorn, anar lors bestials ses garda de que fan
belcop de domatges per lo dict bestial, es fayta proibition et deffensa
a tota persona que non ajan a layssar lor bestial la neyt ne lo jorn,
majorment lo tems debedat, sus pena de vi⁻gt sols tolsans ho aultra
pena arbitraria, hotra la pecha et domatge que aura fayt.

IX. — DE DONAR AJUDA A LAS GENS DE JUSTESIA.

Obligation pour tous les habitants sous peine de bannissement
de prêter main-forte aux consuls, bayle et sergents de Fontenilles.

19. — *Item*, es fayt comandament a tota persona que ajan a
estre obediens al Rey nostre soberen senhor et al senhor del pre-
sent loc et a lors justesies, sus pena de estre punitz et reputatz coma
rebelles et desobediens et estre forabandits de la jurediction de
Fontanilhas et aultra pena arbitraria, et que ajan a donar ajuda,
forsa et secors als cossols et bayle, sergens et aultres hoffisies quan
requeritz seran.

X. — ENSIEC SE LOS COSSOLS QUE DEBEN ESTRE EN LE LOC DE FONTANILHAS ET LA PUISSENSA QUE LOS DICTS COSSOLS AN EN LOR COSSOLAT DURAN LOR ANADA.

Des quatre consuls de Fontenilles; leur désignation par les consuls
sortants de charge.

20. — *Et premierament*, en ledict loc de Fontanilhas aura quattre
consols per la polissa et governament deldict loc et a la fin de lor
anada, a la festa de sanct Johan Baptista, elegiran hoeyt prohomes
homes de bien et non frayres ne cosis germas ny payre et filh, dels-
quals hoeyt ne pendran quattre les plus sufficiens, lesquals quattre
presentaran al senhor de Fontanilhas ho a son perqurayre o deputat
per el, lesquals prendran le sacrament acostumat.

Du sergent et des deux messeguiers nommés par les consuls chaque année.

21. — *Item*, los dicts cossols crearan et faran ung sergent per
lors servir en lors affayres et nessesitaz, lequal sergent prestara sa-

(1) *Lacune dans le ms.*

grament als dicts cossols de bien exersar son officy et sera fidel et obedient a lors comandaments.

22. — *Item*, los dicts quatre cossols en lor commensament de anada ellegiran dos messegiers que auran la garda del jorn et de la neyt dels prats et vinhas deldict loc et aultras tallas tan (1) del dict senhor que dels aultres pribats, lesquals messagies prestaran lo sacrament als dicts cossols de bien et leallament las tallas rebellar.

De la répression des dégâts commis par les animaux
et de la mise en fourrière.

23. — *Item*, rebelladas las dictas tallas per los dicts messages, la partida apelada, los cossols inquantaran la dicta talla en conseilh de prodhomes.

24. — *Item*, los dicts messages seran tengutz le bestial que auran trobat en la dicta jurediction le menar als dicts cossols affin que degun fraust no sia fayt, lesquals cossols tendran et gardaran lo dict bestial en gatje per ne far justesia entro que las dictas tallas sian jutjadas.

Interdiction, à partir du mois de mars, de laisser aller les bestiaux
dans les blés, prés, vignes et autres lieux défendus.

25. — *Item*, los dicts cossols en lo mes de mars per lor sergent, tant de per lo senhor que dels cossols (2), faran proybissions als habitans et aultres estranges que non ajan a mettre lors bestials de cunha condesion que sian als prats, blats, vinhas et aultres locs proibitz, et en lo mes d'aoust mettre bastons e[ls] colls dels cas que non poscan intrar entre las vinhas.

Tarif des amendes dues pour les dégâts causés par les animaux
en dehors des dommages-intérêts à la partie lésée.

26. — *Item*, que los dicts cossols lebaran de las tallas faytas per los dicts habitans, fasen per cascun cap de bestial grosses dos tolsans, et per menuda bestia ung tolsa, et los estranges quattre tolsans per cascunha bestia grossa et per menuda dos tolsans, la tersa partida o le ters dinier applicadou als cossols et la resta als messeguiers per lors labors et vacations; et la talla que sera fayta aultra que sera jutjada per los dicts cossols et satifayta a la partida, exceptat que se lo dict bestial es pres en las garenas et debessas del senhor pagara tan solament al dict senhor dos sols et sies (3) arditz, et la talla pagada al senhor jutjada que sia.

(1) *Ms. aj.* a las.
(2) *Ms. aj.* far lors.
(3) *Ms.* et sies.

Compétence des consuls en matière de bornage et autres litiges
entre habitants.

27. — *Item*, los dicts cossols cogneysseran e seran jutjes de
limitas et bossolas, ballatz et questions que auran entre els los habi-
tans.

Établissement d'un marché communal et droit pour la ville
d'y percevoir les droits d'étal.

28. — *Item*, los dicts cossols et habitans del dict loc auran una
plassa communa, la hon se faran de[s] taules et bancs per marchans
et aultras gens per logar les jorns dels mercatz et aultres jorns, et les
proffictz et esmolumens bendran al proffict de la villa.

Concession de nouveaux biens communaux aux habitants.

29. — *Item*, auran los dicts cossols et habitans un loc comun
debers Sant Flor de sieys arpens de terra per comunal per lors bes-
tials.

30. — *Item*, plus auran losdicts cossols dotze arpens de terra dels
vacans de la vila que son del senhor pres del sementery per la co-
muna, et per anar de la vila a la Especha, loqual bosc de la Espe-
cha es bosc vesinal et de la vila.

Droit des habitants de prendre des bois de chauffage et de construction
dans le bois de l' « Especha ».

31. — *Item*, que cascun habitant poira pendre lenha de somelz
et sera del dict bosc de la Especha per son calfatge, et aussy de
fusta per bastir, et sera baillada per las mas dels cossols als dicts
habitans.

Faculté pour les consuls de réunir les habitants soit sur la place, soit
dans l'église, pour délibérer des affaires communes ou répartir les tailles
royales.

32. — *Item*, los dicts cossols se poiran congrega per se acoseilha
an les habitans per lors affayres del dict loc et per cotisar las tailhas
del Rey, tant a la plassa que a la gleyza o dabant la dicta gleysa.

Concession du droit de chasse au chien et à l'arbalète, sous réserve
au profit du seigneur du quartier droit des cerfs et chevreuils, et avec in-
terdiction de chasser dans les colombiers, garennes et clapiers.

33. — *Item*, que cascun habitant poira cassar an cas, ballestas,
bestias coma son lebres, conils, callas, perlix, serbis et cabirols an
pagan del[s] dicts serbis et cabirols le cartie dret al senhor, exceptat
lo[c]s proybitz coma son colombes, garenes et plapies.

Liberté complète du commerce.

34. — *Item*, los dicts habitans poiran bendre et comprar marchandisas tan als habitans que als estranges quy vendre et comprar boldran, ses coneysensa del dict senhor ne de sos hofficies.

Obligation pour les consuls de faire construire et réparer les murs du château, les remparts de la ville, les fossés, ponts, fontaines et chemins.

35. — *Item*, los dicts cossols faran construy et repara las murailhas del castel et las murailhas dels barris del present loc, coma son fossats, ponts, fons et aultras causas per conservation del dict loc, et camis, et se fara tot de la megienqua tant de la part del senhor que de la vila. Et aussy seran tengutz de fa adobar los mals passes, et poiran compely los habitans ha pagar totas las reparations se la megienqua non y habasta.

Faculté pour les habitants d'avoir sur leurs terres des colombiers, des clapiers, des viviers et des moulins à vent ou à eau sans devoir aucune redevance au seigneur.

36. — *Item*, que cascun habitant poira fa en sa possessio et tenor colombies et plapiers et pesques et molins de vent et de d'aygua en sa terra ses deguna carga donar al senhor.

Autorisation donnée aux consuls et habitants de prendre dans les bois du seigneur les matériaux nécessaires pour la construction et la réparation des ponts et des murailles de la ville.

37. — *Item*, que los cossols et habitans poiran prendre fusta per basty del bosc del dict senhor et per repara ponts et mes las murailhas de la vila.

Licence accordée aux habitants de débiter le vin de leurs vignes sans payer aucun droit, du mois d'avril au mois de septembre.

38. — *Item*, cascun habitant poira far taberna de son vin propre de sas vinhas pendent los mes d'apvril, may, juin, juilhet et aoust et septembre, ses ne pagar degun impost tant al senhor que a la vila.

Tout habitant qui voudra bâtir dans la ville de Fontenilles pourra prendre vingt pieds d'arbres dans le bois du seigneur, et dix seulement s'il construit à la campagne.

39. — *Item*, que cascun habitant de Fontanilhas per bastir a la vila de Fontanilhas o barris, poyra aver vint pes d'albres del bosc del senhor, et se bol bastir a sa borda ne poyra aber detx albres, et los aber lo dict habitant per las mas del dict senhor.

Droit pour les habitants de prendre le bois mort dans le bois du sei-
gneur et de faire paître leurs bestiaux dans toutes les terres, sauf dans
les prés en temps défendu, les vignes et les blés.

40. — *Item*, que cascun habitant del dict loc poyra pendre et coppa
lenhas mortas et aultras dels bosques del dict senhor ansi que an
acostumat de far.

41. — *Item*, cascun habitant poyra far paysse son bestial tan
gran que petit per tot le loc et terras tant del senhor que dels habitans,
exceptat coma son prats lo tems debedat, et las vinhas et blat, et
que deghun habitant ny aultre non amassara l'agland ny mays ne
l'abattra dels dicts bosques.

Le nombre des animaux n'est pas limité sauf en cas de cheptel,
ou, au delà du chiffre fixé, il est dû un droit d'herbage.

42. — *Item*, que cascun habitant poyra tenir de son bestial coma
da hoelhes, crabas, pors, vacas et de jumentas et de trejats en la
seguida tan que ne auran de lors ses ne pagar degun herbatge.

43. — *Item*, en cas que degun habitant bolha tenir gasalha de
deghuns poyra tenir hoeyt vacas et cinquanta hoelhas, vint cra-
bas, detx trejats, dos jumentas et dos saumes en lors seguidas ses
ne pagar herbatge; et se deghun habitant ne ten dabantatge paga-
ran al dict senhor per cada cen ahoelhas dotze sols tournes, et per
vaca ung sol tournes.

Faculté accordée à chaque habitant de mettre dans le bois du sei-
gneur huit porcs à l'époque du gland, sans payer de droits de glandage
ou d'herbage.

44. — *Item*, que cascun habitant poyra tenir al bosc del dict
senhor hoeyt pors per se mettre a la sal quant y aura aglan, ses ne
pagar deghun aglandatge ny mes herbatge.

Permission de faire paître l'herbe et le gland dans toute l'étendue
de la seigneurie, avec défense d'abattre ou de cueillir le gland.

45. — *Item*, que cascun habitant poyra far paysse herba et l'a-
gland que sera sur terra per tota la jurediction, mes que non culhis-
can ny mes abattan la dicta aglan, et que en degun tems proybit
ny entraran ez pratz, vinhas ny blats. Et lo cas que deghus estranges
y botessan pors, pagaran per bestia sieys ardits, et los de la vila non
pagaran per cap en tems proybit, senon que dos ardits sans plus.

Obligation pour le seigneur de ne pas laisser paître dans ses bois
les bestiaux des étrangers.

46. — *Item*, que lo dict senhor de Fontanilhas non poyra aforesta
deghun bestial estrange, coma son vacas et hoelhas, en la dicta senho-
ria, hafin que l'erbatge demore per los habitans del dict loc.

Faculté accordée aux habitants de prendre dans le bois du seigneur
du bois mort et du bois vert pour leur usage personnel, et même d'en-
lever six charretées de bois en cas de noces ou pour faire de nouvelles
chapelles.

47. — *Item*, que los dicts habitans poyran prendre lenhas mortas
et vivas del bosc del dict senhor et de la Espeicha ses lissensia del
senhor, mes que non la vendan.

48. — *Item*, que cascun habitant poyra prendre del bosc del
senhor sieys caradas de lenha per la festa de nossas ho cantatges
o per cappellas nobels, apelats que y sion los cossols.

Liberté de la pêche dans toutes les rivières de Fontenilles,
sauf dans les réserves du seigneur.

49. — *Item*, que cascun habitant poyra pescar per totas las ri-
vieras de Fontanilhas, exceptat los pesques del senhor et d'aultres
habitans se ne avian.

Restriction des corvées dues par les habitants au seigneur à une jour-
née par feu pendant la fenaison et à une autre pendant les vendanges,
et cela moyennant un salaire et la nourriture.

50. — *Item*, que los dicts habitans non seran tengutz de far jor-
nal al dict senhor senon que a fenegar, et de cada borda o cap d'os-
tal ny anara ung, loqual aura bona despensa et sieys dinies per lo
dict jornal. Et aussy cascun habitant ho ung de cascuna maysso
aussi sera tengut de ana vendemiar ung jornal per lo dict senhor,
loqual aura bona despensa et quattre dinies per lo dict jornal et
pena.

Faculté accordée à chaque habitant d'avoir dans le bois du seigneur
six pièces de bois pour entretenir ses instruments de labourage.

51. — *Item*, que cascun habitant poyra aver del bosc del dict
senhor per entretenir sa labor et son laboratge de son camp sieys
corbas et morsas et estebas per lor servicy en la dicta senhoria, ses
degun cost, ses las trayre deffora.

XI. — Ensiec se lo contengut de la justesia.

Tenue des assises chaque année pendant la semaine de la Toussaint.

52. — *Et primo*, que cascun an apres en la septmana de Mar-
trou se tendran assisas per le jutje del senhor et seran punits los
habitans delinquens justa la exigensa del cas.

Tenue d'une audience au château, le mardi de chaque semaine,
par le juge seigneurial.

53. — *Item,* que casqun dimars de la sepmana se tendra cort al
castel per lo jutje ho son loctenent, per far justessia als habitans se
an degunas questions entre ellis ho an deguns aultres estranges.

Tenue d'une séance de la juridiction consulaire, le lundi de chaque semaine.
Restriction de la compétence des consuls aux litiges entre habitants.

54. —- *Item,* que los cossols tendran cort al dict loc totz les del-
lus de la sepmana et seran jutjes de totas las tallas que se faran en
lo dict loc. Et aussy tendran cort als habitans et jutjaran de tots
los deferens que auran entre ellis justa Dieus et consiensa et faran
le dreict tan al paure comä al ritche, et non pagaran res los dicts
habitants de tenir la permiera cort senon que se y tornan plus que
non s'acordan daquel deferent, auran per cada jornada qu'y tendran,
pagara la partida que aura le tort als cossols per lor assistensa dos
sols sieis dinies, et se los cossols ly fan tort se poyran appella da-
vant le jutje del dict loc an pagan las despensas dessus dictas.

Compétence exclusive du juge seigneurial en matière criminelle.

55. — *Item,* que los dicts cossols non poyran prendre deguna
cognoysensa de causa ny jutja en matiera criminel, laqualla causa
es reservada al jutje del dict loc ho a son loctenent et l'ordenary per
lor fa le procez.

Obligation imposée au bayle de laisser en liberté tout habitant arrêté
en matière civile ou pour dette qui donnera caution, et pour cela d'ex-
poser le prisonnier à l'entrée du pont pendant une heure.

56. — *Item,* que se y ha deghun habitant pres per deguna causa
cevilla ho per deute, mes que non y aja esturment et que non
sia causa criminella, que davant que non le mettan en presson sera
tengut lo dict bayle ho aultres de le tenir al cap del pont una
hora et sera tengut le dict bayle cridar per tres vegadas se degus
bol ferma per lo dict presonier, et seran tengutz de le layssa ana an
fermansas bonas et sufesientas, se ne troba, an pagan al bayle per
sa pena.

Formalités de la saisie et de la vente des biens saisis dans un délai de
quatorze jours et après trois enchères et une surenchère.

57. — *Item,* que se y a degun habitant que degue res a deghun
et que per lo dict deute ho adtaden ly layssan prene deghuna

piessa de terra coma prats, vinhas, cams, horts et maissos ho de-
guna hordilha de maisso an letras ho aultrament per auctoritat de
deghun jutje, que les gatjes preses demoraran a se vendre apres la
preso quatorze jorns, et al cap de quatorze jorns se comensaran les
encants et s'en fara tres et ung subreabondant que sera lo quart.
Et se faran los dicts encans a la plassa publica, losquals seran feyts
de dos en dos jorns, ung jorn al miech, et aura lo dict bayle per
cada encant dets denies tournes.

De l'exécution forcée en matière de tailles royales.

58. — *Item*, que la et quant que deguns habitans non bolguessan
pagar las tailhas reals, los cossols los poyran fa asecuta per lor
sergeant et vendra incontinen los gatgjes per la soma que lor to-
cara.

Faculté pour les consuls de mettre à l'hôtel les domestiques aux frais
des maîtres, quand ceux-ci à l'expiration de leur temps de service ne vou-
dront pas les payer.

59. — *Item*, que se y a deghun habitant que non bolha pagar lors
bayletz ho sirbentas quant seran ha terme et non y bolgan pus
demora, se los dicts bayletz sen ban rencura als cossols, los dicts
cossols poyran bota lesdicts bayletz ho sirbentas a la taberna al
despens de son mestre entre pertant que le ajia pagat o demorat
d'acord.

Des frais de la procédure criminelle.

60. — *Item*, que se y a degun malfacto[r] que ajio feyt degun
crime que non y aja partida, lo procez se fara al despens del senhor
et la condempnation sera del dict senhor; et se y ha partida, pagara
per sa part so que fara fa al jutje et notary ainsin que sera tacsat.

Restriction du nombre des témoins à quatre dans les informations.

61. - *Item*, se faran las enformasios an testimonis sufessiens
per le dret del senhor et de la partida tant sus las inosensas que sus
la colpa de partidas et que en las dictas enformasions non se ause-
ran que quattre testimonis per esvictar despensas sen[on] que lo
crime sio tan gran.

Taux des honoraires du notaire pour la réception des cautions.

62. — *Item*, que se deguna partida bailha causio, lo notary non
prendra per las dictas causios senon que sieis dinies tolsans, senon
que y aje magio labors et penas.

De la constitution des procureurs en présence de la cour ; obligation qui leur est imposée ainsi qu'aux avocats de prêter le serment *de calumnia*.

63. — *Item,* que degun non sera ametut de procura en sa causa propria ses los coseilhes et jurats de la court et le jutje ho son loctenent.

64. — *Item,* los dicts procurayres et coseilhes de la cort juraran et prometeran de seguir bonas causas et justas, et malas causas non defenderan et las leysaran coma desesperadas.

Devoirs des procureurs et avocats en justice.

65. — *Item,* cascun procurayre et adbocat escotaran l'un l'aultre e diran cada ung le dret de sa partida ses enjuriar l'ung l'aultre.

Honoraires du procureur du seigneur et du juge en matière criminelle.

66. — *Item,* le procurayre del senhor, quant fara deguna proposission contra deghun delinquant que el ausira sa proposission et aura sus casquna enformation quinse dinies tolsans en tenen las assisas ho aultrament per la vesita et pena.

67. — *Item,* lo jutje ho aquel que raportara las enformatios n'aura de report cinq sols tournes, et se reporta deghun procez, ly sera tacsat sellon las labors et penas et sellon la procedura.

Honoraires des procureurs.

68. — *Item,* cascun percurayre aura per casquna dicta per sa partida dets dinies tournes, et ses graduat aura quinze (?) dinies tournes.

Honoraires du notaire.

69. — *Item,* lo notary per cascuna lettras d'assegnation et d'adjournament simple n'aura sieis denies tournes, et per impetrasion an narativa aura quinse dinies tournes, et per *capiatur* o adjournament personal aura lo dict notary quinse dinies tournes.

70. — *Item,* per cascun apuntament de jutje que caldra lettra aura detz sols tournes, per cascuna sertificatoria aura detz sols sieys dinies tournes, et per prendre una percura aura le dict notary per son dret sieis dinies tournes.

71. — *Item,* per le sagel de cascuna letra que se lebara en lo dict loc et del ordenary, pagaran quattre dinies tournes et ses apuntamen et sertificatorya, pagara sieys dinies tournes.

72. — *Item,* lo notary per cascuna dicta aura per partida detz dinies tournes, et per cascun procez de bayle o de sergeant o aultre aura tres dinies tournes.

Honoraires du bayle et du sergent pour les ajournements.

73. — *Item*, le bayle o sergeant per cascuna adsecusion o adiournament que faran al loc et serquit dels barris aura tres dinies tournes et per las bordas aura quattre dinies tournes et per lo[c]s estranges aura cinq dinies tournes.

74. — *Item*, se le notary fa deghuna enquesta o enformation per deghus en lo dict loc et vaqua, per jorn aura et sera pagat sellon las ordonansas reales.

Salaire du geôlier ; défense qui lui est faite d'emprisonner aucun habitant ou de le mettre aux fers sans ordre de justice.

75. — *Item*, que le geulie de las carses aura per casqun que sera arrestat en lo castel et dins la clausura, per cascun habitant que sera arrestat, detz dinies tournes, et per casqun estrange que sera arrestat detz dinies tolsans ; et s'es arrestat per le barri cascun habitant pagara un dinie tolsan et cascun estranghe pagara detz dinies tolsans, et s'es mettut en preso clauso o en tour, pagaran cascun habitant de garda et lieyt quattre dinies tolsans, et per estranghes vingt dinies tolsans ; se se portan la despensa, sieys dinies tolsans.

76. — *Item*, la geulie non prendra deghuns ses mandament de justessia ne mes non les mettra als fers et seps ses le dict mandament.

Privilège accordé aux habitants de ne pas être mis en prison quand ils donnent caution et que le délit n'entraîne pas de peine corporelle ; dans ce cas ils doivent être mis en liberté quatre heures après avoir été arrêtés.

77. — *Item*, que deghun habitant non sera mettut en carse fermada, se troba fermansas e que le cas non merite pena corporalla.

78. — *Item*, que se y a degun habitant que sio arrestat dins le castel o defora, mes que trobe fermansas, non y estara que quatre horas sus le dict arrest, mes que le cas non sio de crim.

Défense au sergent de faire aucun exploit dans la seigneurie, si ce n'est en présence du bayle du seigneur.

79. — *Item*, que degun sergent non fara degun espleict de letras en la dicta senhoria que le bayle del senhor non y sera, e aura le dict bayle per son dret detz dinies tournes.

Obligation imposée au bayle du seigneur d'aller ajourner les paysans ; salaire qui lui est alloué.

80. — *Item*, que le dict baylle del senhor sera tengut de ana adiorna les pageses que auran degun defferent que calgue que ven-

guen a la cognoysensa dels cossols, et non aura ledict baylle senon
que tres dinies tournes per cada ung que adiornara ses letra en la
dicta senhoria, e se y a letras aura detx dinies tournes, an pacte
que las partidas len requerisean, et los assignara per davant los
cossols, losquals cossols seran tengutz de les jita de procez a la
permiera tornada, si lor es possible, et de fa le dret a cascun justa
Dieus et consiensa.

Anno Domini millesimo quingentesimo septimo et die nona mensis
martii, et in loco publico predicti loci Fontanilles, fuerit concorda-
tum et passatum lectis et auditis predictis que consuetudinibus re-
giminibus et privilegiis dicti loci de Fontanilles, inter honorabilem
dominum Joannem de Ruppe baronem et segniorem supra dicti loci
de Fontanilles et alios plures et consules et habitatores dictorumque
supra locorum quasquidem partes tenere et observare promiserunt,
juraverunt, etc..., de quibus, etc..., presentibus dominis Joanne de
Fraxsino, archidiacono supra dicti loci de Fontanilhes, et dominis
Georgio Peregrin, rectore de Priestour, Anthonio Bersabin, Jacobo
Faure et Dominico Dantin, magistro Arnaldo de Sera, presbitero
Joanne Bobea, Bernardo et Blasio de Fesselhas fratribus, Petro
Delberges, et aliis pluribus per me ad premissa vocatis et me Ber-
nardo de Paragio, rectore de Fontibus Orbis et notario apostolico, et
auctoritate dominorum de capitulo Tholose qui retinui præsentibus
quibus supra, etc... de Paragio, notario.

TABLE ALPHABÉTIQUE

BAR-LE-DUC. — IMPRIMERIE CONTANT-LAGUERRE.

DU MÊME AUTEUR

Montégut-de-Bourjac et le baron de Montagut-Barrau, député de la noblesse du Comminges aux États-Généraux de 1789. — *Coutume de 1480, texte latin, et généalogie de Barrau depuis 1350.* 1 volume in-8°. Muret, 1895.......... **3** fr. »

Notes historiques sur Labastide-Paumès en Comminges, Châtellenie de l'Isle-en-Dodon. — *Transaction et coutumes de 1610.* Brochure in-8°. Muret, 1895 .... **1** fr. **50**

BAR-LE-DUC. — IMPRIMERIE CONTANT-LAGUERRE.

www.ingramcontent.com/pod-product-compliance
Lightning Source LLC
Chambersburg PA
CBHW072023290326
41934CB00011BA/2785